*FÜR DIE FREUNDINNEN UND FREUNDE
DES ATELIER CULINÁRIO*

Sabine Hueck

KOCHEN MIT FREUNDEN

Kreative Rezepte
aus aller Welt

CHRISTIAN

LIEBE LESERINNEN UND LESER, LIEBE KÖCHINNEN, LIEBE KÖCHE, LIEBE GENIESSERINNEN, LIEBE GENIESSER,

nun halten Sie es also in der Hand, mein neues Kochbuch, das in Zusammenarbeit mit meinem herrlichen Team und Rosenthal entstanden ist. Es ist meinem Team und mir ein echtes Herzensprojekt, denn es spiegelt wider, was für mich und meine Küche wichtig ist.

Ich mag es, Menschen aus verschiedenen Kulturen zu begegnen und sie zusammenzubringen. Das liegt ganz bestimmt an meiner Herkunft und Familiengeschichte. Meine Großeltern mütterlicher- und väterlicherseits wanderten von Berlin und Wien nach Brasilien aus. Dort mischen sich die Kulturen seit jeher, meine Heimatstadt São Paulo ist ein echter Schmelztiegel, auch was das Essen betrifft.

Meine Oma Charlotte hatte eine Konditorei am Strand, von ihr bekam ich die Liebe zu Süßspeisen, zum Kochen und zum Neugierig-Sein vermittelt. Mein Großvater Kurt hingegen war Botaniker und hat mir alles über Kräuter und Pflanzen beigebracht. Daraus ergab sich ein interkultureller Ansatz, zwischen Wien, Brasilien, Naturwissenschaften. Und den wollte ich vor fast einem Vierteljahrhundert nach Berlin bringen, wo damals noch alle Küchen und Gerichte voneinander getrennt betrachtet wurden.

Heute nennt man das Fusion-Küche. Und wenn Sie die probieren möchten, kommen Sie in mein Atelier Culinário, das ich vor acht Jahren in Berlin-Schöneberg eröffnet habe.

Dieser Gedanke zieht sich natürlich auch durch meine Rezepte, von denen ich Ihnen in diesem Kochbuch zwölf vorstellen möchte – und zwar für jeden Monat eines. Darunter sind Klassiker wie Ceviche, Mousse au Chocolat und ein peruanisches Kartoffelpüree namens Causa, denen ich einen eigenen Twist verleihe. Meine Küche ist stark in den südamerikanischen und südostasiatischen Kochkulturen verankert, doch irgendwann habe ich begonnen, die originalen Rezepte zu adaptieren – hin zu mehr Regionalität und Nachhaltigkeit.

So verwende ich für meine Gerichte möglichst saisonales, biologisch angebautes Obst und Gemüse aus der Umgebung und kaufe meinen Fisch direkt beim Fischer. So ersetze ich dann auch Zutaten in Originalrezepten, denn das schmeckt ebenso gut und ist dann regional. Bestes Beispiel: Guacamole ganz ohne Avocados, dafür mit Erbsen.

Wichtig ist mir auch die kreative Resteverwertung. So werden aus Kartoffel- und Gemüseschalen im Ofen kurzerhand knusprige Chips oder aus überreifen Bananen ein natürlich gesüßter Bananenkuchen. Beim Ausprobieren und Herumwerkeln entstehen mitunter ganz neue, oft sehr überraschende Geschmacksnuancen und Erlebnisse. Einige davon können Sie mit diesem Buch und den begleitenden Filmen selbst ausprobieren und sich verführen lassen von der Welt des Geschmacks und der Düfte und Aromen.

Viel Freude beim Kochen und Beisammensein wünscht Ihnen

Sabine Hueck, Atelier Culinário

WANDERIN ZWISCHEN DEN WELTEN

Wie Sabine Hueck mit Atelier Culinário die Kochszene erobert

Sabine Hueck kocht für ihr Leben gern und liebt es, Gäste zu empfangen. Sie schreibt Kochbücher, hat eine eigene Kochsendung und betreibt in Berlin eine kulinarische Werkstatt. Wer sie besucht, entdeckt viele kulturelle Bezüge: jüdisches Emigrantentum, deutsche Wesensart, Kochwissen aus der ganzen Welt, das gekonnt kombiniert wird. Gemeinsames kreatives Schaffen ist für Sabine Hueck oberstes Gebot.

Vor sieben Jahren eröffnete Sabine Hueck in einem Ladenlokal in einer Seitenstraße in Berlin-Schöneberg das Atelier Culinário. Man wird geradezu magisch hineingezogen in diesen von Bäumen bestandenen Ort. Durch die großen Fenster erahnt man eine offene, sehr charmante Wohnküche – samt großer Kochinsel, behaglichen Sofas, Holztischen sowie schön arrangierten Stühlen. Und Schränken, die geradezu überquellen mit Tellern, Schalen und Bechern. Sabine Huecks Einrichtung spiegelt ihre Persönlichkeit wider ebenso wie ihre Idee, mit dem Kochen etwas Gemeinsames zu erschaffen – quer über kulturelle und soziale Grenzen hinweg. „Ich möchte Menschen mit gutem Essen glücklich machen. Dafür muss ich in die Kochtöpfe dieser Welt schauen", sagt sie.

Von São Paulo in die Welt

Sabine Huecks Großeltern waren Einwanderer aus Berlin und aus Wien. Ihr Großvater väterlicherseits war Botaniker. Opa Kurt erklärte ihr die Welt der Pflanzen und Kräuter und wies sie in Nutzpflanzen ein. Ihre Oma mütterlicherseits hingegen war nicht nur Konditorin am Strand. Ihre wahre Berufung fand sie als Schauspielerin und Feministin – sie war ein richtiger Freigeist. „Meine Oma hat mir immer erzählt, dass in Deutschland alles besser sei", erzählt Hueck. Dass beispielsweise der Geschmack von Erdbeeren und Kirschen den Mund geradezu zum Explodieren brächte. Zu Hause wurde nur Deutsch gesprochen, und als sie zwölf Jahre alt war, reiste Hueck zum ersten Mal in das Land ihrer Vorfahren. „Ich wusste damals schon, dass ich irgendwann einmal in Deutschland wohnen würde", erzählt sie. „Meine Oma hat ja immer so geschwärmt von Berlin."

Familienbande

Nach dem Abitur in São Paulo war es dann so weit: Sie erkundete die Welt des Essens und tauchte immer tiefer in die Geheimnisse des Kochens ein. Bevor sich die Köchin mit Atelier Culinário ihren Lebenstraum verwirklichte, hatte sie angefangen, die Rezepte ihrer Großmutter Charlotte für besondere Anlässe nachzubacken und Bäckereien zu beliefern.

Seit 4 Jahren hat sie eine wöchentliche Kochsendung im spanischen Programm der Deutschen Welle, die ihren Schwerpunkt auf Nachhaltigkeit setzt.

Außerdem gab Sabine Hueck Kochkurse an verschiedenen Kochschulen, arbeitete im Catering-Business, bewarb mit Visit Berlin die deutsche Küche im Ausland – sie liebt insbesondere Sauerkraut, Ente mit Rotkohl, Brot und Gebäck – und schrieb und schrieb, so ganz nebenher, hat es den Anschein, was natürlich nicht stimmt, auch noch Kochbücher. Über die Jahre hat sich Hueck ein breites Netzwerk an Mitstreitern in der kreativen und intellektuellen Szene Berlins aufgebaut. Und auch in der Wissenschaft ist sie verortet – durch ihren brasilianischen Mann, der Soziologie-Professor an der Freien Universität Berlin ist und in Bereichen forscht, die auch für ihre Arbeit relevant sind. So kooperiert Sabine Hueck beispielsweise mit dem Netzwerk „Über den Tellerrand", das die soziale Teilhabe von Menschen mit Fluchterfahrung über das gemeinsame Kochen zum Ziel hat. „Alles, was ich anpacke, kann nur gelingen, wenn ich mit Herzblut dabei bin", sagt die temperamentvolle Wanderin zwischen den Welten.

SABINE HUECK
ATELIER
CULINÁRIO

Kulinarische Geschichten
Im Atelier Culinário zeigt sich Huecks Talent als Ideengeberin, Geschichtenerzählerin und Kommunikatorin ganz besonders. Das 2015 eröffnete Ladenlokal ist viel mehr als eine Kochschule, nämlich auch Weinbar, Restaurant und Café. Hier finden immer wieder Veranstaltungen statt, wenn beispielsweise der internationale Ceviche-Tag, Weihnachtsessen und Geburtstagsfeste gefeiert werden oder Sterneköche kochen.

Ihren Erfolg erklärt sich Hueck damit, dass sie die kulinarische Szene Berlins um den Aspekt der Vielfalt bereichert habe. „Was in meiner Heimatstadt São Paulo normal ist – die Durchmischung unterschiedlicher Kulturen, auch das Kulinarische betreffend – kannte man in den Neunzigerjahren in Berlin noch nicht.“ Zwar gäbe es in der Stadt italienische, vietnamesische und türkische Restaurants, doch sei alles in Schubladen voneinander getrennt. „Erst hier habe ich gesehen, wie die Kochkulturen strikt voneinander getrennt werden, während in Brasilien die Grenzen fließend sind“, sagt sie.

Lässig & unkonventionell
Im Atelier Culinário treffen viele unterschiedliche Menschen aufeinander – bei gutem Essen, guter Stimmung und guter Musik. Und bei einem schön gedeckten Tisch. Den hatte Sabine Hueck bei ihrer Arbeit in anderen Kochschulen nicht immer vorgefunden. Oder genauer gesagt das, was sie unter einem schön gedeckten Tisch versteht. Hueck mag das Individuelle, das Unkonventionelle, das Lässige. „Der gedeckte Tisch ist für mich wie eine Reise, ein Kunstwerk geradezu“, sagt sie.

Für ihre Dinner-Veranstaltungen stellt sie charmante Ensembles zusammen, die je nach den servierten Speisen variieren. Dann treffen altes Silberbesteck und signierte Kunstkeramik auf Porzellan- und Keramikstücke aus der Kollektion Junto von Rosenthal. Und zu den Kerzenständern vom Flohmarkt gesellen sich Schalen aus ihrer Heimat Brasilien und geschliffene Kristallgläser aus den Sechzigerjahren. „Das Essen kann warten, aber wenn der Gast kommt, müssen der Tisch fertig gedeckt, die Gläser poliert und die Kerzen angezündet sein“, sagt Hueck.

Sie ist stolz auf das, was sie sich in den letzten Jahren aufgebaut hat. Hat man einmal zusammen mit ihr einen Abend im Atelier Culinário verbracht – mit köstlichen Speisen und beschwingten Menschen aus aller Herren Länder –, dann versteht man warum.

SABINE HUECK
ATELIER
CULINÁRIO

WIR REISEN DURCH 12 MONATE MIT 12 FASZINIERENDEN REZEPTEN

JANUAR

JANUAR

KARTOFFELPÜREE RELOADED

PERUANISCHES KARTOFFELPÜREE ZU GEGRILLTEM PULPO UND DIPS

VEGANE ALTERNATIVE: GEGRILLTE ARTISCHOCKEN

Das peruanische Kartoffelpüree *causa limeña* wird dort an jeder Straßenecke verkauft und kalt gegessen – es wird oft als Törtchen geschichtet und ist gefüllt mit Mayonnaise und Avocado. Bei Sabine Hueck bleibt der Kartoffelstampf ungefüllt, stattdessen reicht sie dazu gegrillten Pulpo mit Knoblauch und Rosmarin. Als Dips serviert sie eine säuerliche Salsa Criolla mit viel Gemüse und eine aus den feinen griechischen Kalamata-Oliven zubereitete würzige Creme. „Mich erinnert das Gericht an die Zeit, die ich in Peru verbracht habe“, sagt die Köchin.

PULPO

Glutenfrei, laktosefrei

Zutaten
1–1,5 kg Pulpo
1 Zwiebel
3 Knoblauchzehen
1 Lorbeerblatt
5 Pfefferkörner

Für die Grillpfanne
3 EL Olivenöl
Rosmarinzweige
4 Knoblauchzehen
Meersalz und Pfeffer
Olivenöl

Zubereitung
Den Pulpo gründlich waschen. Einen Topf wählen, in dem der Pulpo gut Platz hat. Den Pulpo einlegen, mit kaltem Wasser bedecken. Pulpo herausnehmen. Zwiebel und Knoblauch im Ganzen zusammen mit dem Lorbeerblatt und den Pfefferkörnern ins Wasser geben. Aufkochen lassen, dann den Pulpo einlegen und bei niedriger Hitze etwa 50 Minuten im abgedeckten Topf köcheln, bis der Pulpo gar ist. Mithilfe zweier großer Gabeln während des Garens mehrfach wenden. Im Sud erkalten lassen.

Den abgekühlten Pulpo abtropfen lassen. Augen sowie den Schnabel herausschneiden. Die Fangarme mit Küchenpapier abtupfen, salzen und pfeffern. Die Grillpfanne erhitzen, etwas Öl hineingießen. Die Fangarme ringsherum mit Öl bestreichen. Rosmarinzweige und Knoblauchzehen in die Grillpfanne legen. Die gewürfelten Pulpostücke in die Grillpfanne legen und von allen Seiten gleichmäßig grillen.

Im Atelier Culinário können Sie lernen, wie ein ganzer Pulpo (oder Oktopus) zubereitet wird. Der Kochvorgang ist gleich, auch das Ausnehmen des fertig gegarten Tintenfischs ist nicht schwierig, aber es ist einfacher, wenn man es mal genau gezeigt bekommt.

PERUANISCHES KARTOFFELPÜREE

Vegan, glutenfrei, laktosefrei

Zutaten
1 kg mehlige Kartoffeln
1 EL Salz
1–2 EL Amarillo-Chili-Paste
(gibt es im Internet; alternativ eine
selbst gemachte Paste wie unten)
30 ml Pflanzenöl
30 ml Olivenöl
Bio-Zitronen, Schale gerieben, Saft gepresst
½–1 TL Meersalz
Pfeffer

Zubereitung
Salzwasser aufkochen lassen, die Kartoffeln in etwa 30 Minuten weich garen. Wenn sie gar sind, pellen und durch eine Kartoffelpresse drücken. Das Kartoffelpüree mit der Amarillo-Chili-Paste, dem Öl, Zitronenabrieb und -saft sowie Meersalz mischen. Das Kartoffelpüree mit einem Spatel vom Schüsselrand lösen. Für noch mehr Fluffigkeit mit einer Gabel durchrühren. Nicht zu lange stampfen, damit das Püree luftig bleibt.

Alternative zur Amarillo-Chili-Paste
1 gelbe Paprika, entkernt
1 Zwiebel, geschält und grob gehackt
2 gelbe oder rote Chilischoten
in 5 EL Pflanzenöl anbraten und anschließend
zu einer cremigen Paste pürieren

GEGRILLTE ARTISCHOCKEN

Vegan, glutenfrei, laktosefrei

Zubereitung
Eine große Schüssel, in der die geputzten Artischocken Platz haben, mit Wasser füllen. Den Saft einer Zitrone unterrühren.

Die äußeren Blätter der Artischocken großzügig mit einem Messer abschneiden. Die Stängel auf etwa die gleiche Länge kappen. Den Kopf der Artischocken mit einem scharfen Messer um etwa ein Drittel kürzen. Dann die Artischocken auf ein Brett legen und längs durch den Stängel halbieren.

Die halbierten Artischocken 10 Minuten im Zitronenwasser ruhen lassen. Nacheinander herausnehmen. Das Heu im Inneren der Artischockenhälften mit einem scharfen Löffel sorgfältig herauskratzen und entsorgen. Jede Artischocke nach dem Putzen wieder in das Zitronenwasser legen. Einen großen Topf mit heißem Wasser aufsetzen. Die Artischocken im sprudelnden Wasser je nach Größe mindestens 10 Minuten al dente kochen. Alternativ einen Dämpfeinsatz verwenden: Nun benötigen die Artischocken je nach Größe über heißem Wasserdampf etwa 30 Minuten, bis sie weich sind. Fertig gegarte Artischocken abtropfen und auskühlen lassen.

Zutaten
4 Artischocken

Für die Marinade
1 Knoblauchzehe
2 Bio-Zitronen,
Schale gerieben,
Saft gepresst
4 EL Olivenöl
2 kl. Stängel Rosmarin
½–1 TL Meersalz
1 Prise Pfeffer

Marinade
Während die Artischocken garen, die Knoblauchzehe schälen und fein reiben. Zitronenabrieb und restlichen Zitronensaft, Olivenöl und Knoblauch vermischen. Dann Rosmarin hacken und dazugeben. Mit Salz und Pfeffer abschmecken.

Anschließend die Schnittflächen der Artischocken mit der Marinade bestreichen. Nun werden die marinierten Artischocken nochmals für etwa 5 Minuten auf eine heiße Grillplatte gelegt, bis sie ganz zart sind. Bei Wunsch noch mit Pfeffer nachwürzen.

SALSA CRIOLLA

Vegan, glutenfrei, laktosefrei

Diese Salsa Criolla ist unsere Version, angelehnt an das Originalrezept aus Peru.

Solche Salsas bringen eine gewisse Frische auch zu anderen Rezepten in diesem Buch wie der Zitronengras-Suppe, den Lammbouletten, den Quesadillas oder den Ofenchips.

Zutaten

1 große rote Zwiebel
1 rote Chilischote oder *aji limo*
(peruanische scharfe Chili, s. rechts)
1 rote Paprika
1 Karotte
2 Selleriestangen oder ½ Fenchelknolle
¼ Bund Koriander
½–1 TL Salz
1 Prise Pfeffer
1 Limette, Saft

Zubereitung

Zwiebel schälen und halbieren. Chili und Paprika halbieren und die Kerngehäuse mit einem Messer entfernen. Die Karotte schälen, die Selleriestangen entfädeln bzw. den bitteren Strunk von der Fenchelknolle herausschneiden, Knolle putzen. Dann alles fein würfeln.

Koriandergrün kalt abbrausen, trockenschütteln. Blättchen und Stängel hacken. Alles vermengen und mit Salz, Pfeffer und Limettensaft abschmecken.

KALAMATA-CREME

Glutenfrei, laktosefrei

Zutaten
200 g Kalamata-Oliven (optional entsteint)
1 Ei
1 reife saftige Limette
200 ml neutrales Pflanzenöl
200 ml Olivenöl
Meersalz

Zubereitung
Nicht entsteinte Oliven entsteinen. Ei und Limettensaft mit dem Pürierstab durchmixen. Beide Öle nach und nach bei laufendem Mixer mixen. Sobald die Sauce eine cremige Konsistenz annimmt, die Oliven dazugeben und glatt pürieren. Zurückhaltend salzen, da die Oliven bereits Salz enthalten.

Schnelle Variante

Zutaten
60 g entkernte Kalamata-Oliven
250 ml Mayonnaise

Zubereitung
Die Oliven abgießen, trocken tupfen und mit der Mayonnaise sehr cremig pürieren.

Anrichten
Eine runde Ausstechform (Durchmesser 6–8 cm) auf einen Teller setzen. Etwas Kartoffelpüree hineingeben und herunterdrücken. Die Form entfernen und je nach Wunsch den warmen gegrillten Oktopus oder die gegrillte Artischocke darauf arrangieren. Mit etwas Olivensauce beträufeln und mit der Salsa Criolla garnieren.

Für unsere Salsas benutzen wir Chilis aus Peru (*aji limo* oder *aji amarillo*), die wir jeden Frühling in unserem Garten einpflanzen, sowie das würzige Huacatay-Kraut, ebenfalls aus Peru. In Läden mit südamerikanischen Produkten oder über das Internet bekommt man diese auch tiefgekühlt.

FEBRUAR

HEIMATGEFÜHLE

PÃO DE QUEIJO MIT KRÄUTERBUTTER MIT MISO UND AJVAR

Kein Fest und kein Beisammensein im Atelier Culinário ohne die berühmten, glutenfreien Käse-Maniok-Bällchen – sie lassen sich, kleiner Tipp, wunderbar einfrieren.

In Sabine Huecks Heimat Brasilien sind Pão de Queijo ein Snack, den man von morgens bis abends isst. Aber Sabine Hueck wäre nicht Sabine Hueck, wenn sie nicht Zutaten aus anderen Ländern und Kulturen dazu servieren würde.

Wie beispielsweise Ajvar, eine türkische Creme aus Paprika und Aubergine, sowie selbst zubereitete Kräuterbutter, der japanisches Miso aus fermentierten Sojabohnen beigemischt wird. „Immer wenn ich Besuch bekomme, serviere ich Pão de Queijo", sagt die Köchin. „Es gab bisher noch niemanden, dem es nicht geschmeckt hat."

PÃO DE QUEIJO MIT KRÄUTERBUTTER MIT MISO UND AJVAR

Glutenfrei

Zutaten

400 g Tapiokamehl
(auch Tapiokastärke genannt, aus dem Asialaden)
180 ml Milch
100 ml neutrales Pflanzenöl
1 ½ TL Salz
2 eher kleine Eier
200 g milder Käse, gerieben

Zubereitung

Tapiokamehl in eine Schüssel geben. Milch, Öl und Salz in einem Topf zum Kochen bringen. Die heiße Flüssigkeit zum Mehl geben und mit einer Gabel zu einer festen Masse verrühren. Wenn die Masse etwas abgekühlt und lauwarm ist, die Eier nacheinander hinzufügen und mit den Händen oder einem Knethaken zu einem glatten Teig verarbeiten. Den geriebenen Käse dazugeben und gut durchkneten. Der Teig sollte etwas klebrig, aber fest sein. Mindestens 1 Stunde im Kühlschrank ruhen lassen.

Den Ofen auf 200 °C Ober-/Unterhitze vorheizen. Mit den Händen oder einem Eisportionierer aus dem Teig walnussgroße Stücke abtrennen und zu Bällchen formen. Bällchen auf einem mit Backpapier ausgelegten Blech verteilen, dabei einen Abstand von etwa 2 cm einhalten. Auf der mittleren Schiene zunächst 10 Minuten backen, dann die Temperatur auf 170 °C senken und weitere 10 Minuten backen. Die Bällchen sollten nicht eindunkeln, sondern außen goldgelb und innen noch feucht sein. Sofort heiß servieren.

Dieses Rezept ist zwar einfach, aber etwas aufwendig, deshalb können Sie gleich die doppelte Menge zubereiten. Man kann die ungebackenen Kugeln nebeneinander auf ein Blech legen und einfrieren. Sobald sie gefroren sind, in Tüten umfüllen. Wenn man sie braucht, kommen sie direkt aus dem Gefrierschrank in den heißen Ofen.

AJVAR

Vegan, glutenfrei, laktosefrei

Zutaten
2 Knoblauchzehen mit Schale
500 g (etwa 3) rote Paprikaschoten
3 EL Olivenöl
1–2 Chilischoten
1 Zwiebel
3 EL Tafelessig
½ TL Pimentón de la Vera
(geräuchertes Paprikapulver)
Salz und Pfeffer

Zubereitung
Den Backofen auf 220 °C Grillfunktion vorheizen. Die Knoblauchzehen und die Paprika auf ein Blech legen und ca. 30–40 Minuten backen, bis sie gut gebräunt sind.

In der Zwischenzeit das Olivenöl in einer mittelgroßen Pfanne erhitzen. Chili und Zwiebel fein hacken und anbraten. Mit Essig ablöschen, ein wenig Wasser dazugeben.

Die Paprika aus dem Ofen nehmen, mit einem frischen angefeuchteten Küchentuch bedecken (so lässt sich die Paprika besser schälen) und kurz abkühlen lassen. Die Haut der Paprika abziehen, die Samen entfernen. Die Spitzen der Knoblauchzehen abschneiden, den weich gegarten Knoblauch in eine Schüssel drücken. Mit den enthäuteten Paprikas und etwas Wasser in einem Mixer pürieren.

Das pürierte Gemüse in die Pfanne geben und mit Paprikapulver, Salz und Pfeffer würzen. Gelegentlich umrühren und 10 Minuten köcheln lassen, bis sich eine Creme ergibt. Diese pürieren und gegebenenfalls nachwürzen.

Mit den Pão de Queijo genießen oder in sterilisierte Gläser füllen. Ajvar hält sich im Kühlschrank bis zu 10 Tagen.

TIPP: Anstelle frischer Paprika können auch gegrillte Paprikaschoten aus dem Glas verwendet werden. Vor der Verwendung gut abtropfen lassen.

KRÄUTERBUTTER MIT MISO

Glutenfrei

Zutaten
200 g weiche Butter
3 EL helle Misopaste
Schale von 1 Zitrone
1 Handvoll gehackte frische Kräuter
(z. B. Petersilie, Dill, Basilikum, Schnittlauch)
essbare Blütenblätter
Meersalz und Pfeffer

Zubereitung
Die weiche Butter in eine Schüssel geben. Das Miso sorgfältig unterrühren. Den Zitronenabrieb unterrühren.

Die Kräuter kalt abbrausen, trockenschütteln, Blättchen abzupfen, fein hacken, Schnittlauch zu Röllchen schneiden. Große Blütenblätter fein hacken, kleine Blätter zur Garnierung beiseitestellen.

Übrig gebliebene Butter kann man sehr gut in kleinen Schälchen portionsweise einfrieren. Dann hat man immer schöne Butter in Reserve, wenn man Gäste empfängt.

TIPP: Beim Abrieb von Zitrusfrüchten darauf achten, nicht das Weiße mit abzureiben, denn es schmeckt bitter.

MÄRZMÄRZMÄRZ

LA VIE EN CHOCOLAT

MOUSSE AU CHOCOLAT

„Was ist besser als essen? Mehr essen zu dürfen" – das sagt Sabine Hueck augenzwinkernd über diese Mousse au Chocolat, die gleichermaßen köstlich wie gesund ist. Die Berliner Köchin ist bekannt dafür, nichts zu verschwenden, auch nicht den Saft von Kichererbsen, Bohnen oder anderen Hülsenfrüchten. Denn aus diesem Wasser wird sogenanntes Aquafaba. Und das wiederum ist eine wunderbare Grundlage für eine vegane Mousse au Chocolat. Einfach den Saft der Hülsenfrüchte mit dem Schneebesen aufschlagen, bis er schön cremig ist, dann geschmolzene, abgekühlte Bitterschokolade, Zitronensaft und Puderzucker hinzugeben. „Dieses Rezept ist so einfach, dass man es besonders gut mit Kindern zubereiten kann", sagt Hueck. Zur schokoladigen Gaumenfreude reicht sie karamellisiertes Gebäck aus Filoteig.

MOUSSE AU CHOCOLAT

Vegan, glutenfrei, laktosefrei

Zutaten
120 g Zartbitterschokolade, mind. 60 % Kakaoanteil
120 ml Aquafaba (Flüssigkeit von einer 400-g-Dose Kichererbsen)
¼ Zitrone, gepresst
2 EL Puderzucker (oder nach Geschmack)

Optional
Kokoscreme, Kakaonibs oder Schokoladenraspel zur Dekoration

Zubereitung
Die Schokolade klein hacken und im Wasserbad schmelzen.

Aquafaba in eine saubere, fettfreie Schüssel gießen. Den Zitronensaft dazugeben und mit einem Handrührgerät zu Eischnee steif schlagen.

Den Puderzucker in das Aquafaba sieben und für weitere 1–2 Minuten weiterrühren. Anschließend die geschmolzene Schokolade vorsichtig unter die Masse heben und diese dann direkt in Serviergläser füllen.

Die Mousse wird fester, wenn man sie ca. 2–3 Stunden im Kühlschrank oder 1 Stunde im Tiefkühlfach kühlt.

Vor dem Servieren die Mousse bei Wunsch mit jeweils einem Esslöffel Kokoscreme, Kakaonibs oder Schokoraspeln garnieren.

TIPP: Aquafaba ist der Fachbegriff für das extrem stärkehaltige und dickflüssige Kochwasser von Hülsenfrüchten wie Kichererbsen oder Riesenbohnen, das sich im Glas oder der Dosenware findet. Es wird in der veganen Küche als Eiweißersatz genützt.

Dunkle Schokolade ab 60 % Kakaoanteil enthält keine Milch und ist deshalb vegan.

KARAMELLISIERTES GEBÄCK

Vegan, laktosefrei

Zutaten

4 gefrorene Frühlingsrollenblätter
(altenativ etwas Filo- oder Yufkateig)
3 EL Puderzucker

Zubereitung

Die Teigblätter einige Minuten antauen lassen, bis sich 4 Blätter lösen lassen. Den restlichen Teig gleich wieder einfrieren.

Den Ofen auf 200 °C Ober-/Unterhitze vorheizen. Die Teigblätter in Rechtecke (s. Abbildung) schneiden und auf das Backblech legen. Gebäckstücke mit Puderzucker von beiden Seiten großzügig bestreuen. Backblech in die Mitte des Ofens schieben. Bei 200 °C Ober-/Unterhitze auf mittlerer Schiene für etwa 3–5 Minuten im Ofen karamellisieren lassen. Bitte das Gebäck beobachten, da es sehr schnell verbrennen kann. Herausnehmen und abkühlen lassen.

Ich finde es wichtig, etwas Knuspriges zur Mousse zu reichen. Kontraste ergänzen sich, daher passt dieses karamellisierte, knusprige Gebäck perfekt zur Mousse. Noch weniger Arbeit macht das Gebäck, wenn Sie ganze Teigplatten backen (das dauert nur 2–3 Minuten länger) und sie danach in dekorative Stücke brechen. In einem luftdicht verschlossenen Glas halten sie sich bis zu 3 Wochen.

APRIL APRIL

URLAUBSLAUNE

KANARISCHE SALZKRUSTENKARTOFFELN MIT MOJOS UND HAFIDAS SALAT

Auf den Kanarischen Inseln sind *papas arrugadas* ein beliebtes Kartoffelgericht, das mit scharfer roter und grüner Sauce serviert wird. Mit Salat, Gemüse oder gegrilltem Fisch wird daraus ein schönes Sommergericht, das man auch in der Brandenburger Datsche oder am Strand genießen kann. „Dieses Gericht erinnert mich an Urlaub“, sagt Sabine Hueck.

Ihr gefällt, dass man die Kartoffeln als Ganzes isst und kein Abfall entsteht, was ihrer Idee von Zero Waste entspricht. Die Saucen, im Spanischen *mojo rojo* und *mojo verde* genannt, kann man gut vorbereiten und in der Vorratskammer aufbewahren. „Ich liebe es, wenn meine Gäste sich mit viel Appetit selbst an den einfachen Genüssen satt essen“, sagt Sabine Hueck, „und Salzkrustenkartoffeln mit den gut gewürzten Mojos sind ein perfekter Begleiter zu einem Glas Wein.“

HAFIDAS SALAT

Vegan, glutenfrei, laktosefrei

Zutaten

1 Knoblauchzehe
½ TL Kreuzkümmelpulver
½ TL Korianderpulver
1 Zitrone, Schale zur Hälfte gerieben, Saft gepresst
1 TL Dattelsirup oder Honig
feines Meersalz und Pfeffer
je 2 EL Rapsöl und geröstetes Sesamöl

Zubereitung Dressing

Knoblauch hacken. Alle Zutaten bis auf die Öle gut vermischen. Am Ende das Öl langsam dazugeben, sodass eine Emulsion entsteht.

Zutaten

1 mittelgroßer Salatkopf oder Salatblätter nach Saison (etwa 500 g)
1 rote Zwiebel
1 Handvoll Kürbiskerne, geröstet
½ Granatapfel, entkernt
125 g Fetakäse (optional)

Zubereitung Salat

Salat putzen, kalt abbrausen, trocken tupfen, in eine Schüssel geben. Zwiebel halbieren und in feine Ringe schneiden. Mit dem Salat mengen, Dressing angießen, unterrühren. Geröstete Kürbiskerne und Granatapfelkerne zugeben. Den Feta, falls verwendet, mit den Fingern über dem Salat zerkrümeln und servieren.

Das Dressing ist inspiriert von unserer langjährigen, aus Marokko stammenden Mitarbeiterin Hafida.

SALZKRUSTENKARTOFFELN

Vegan, laktosefrei

Zutaten
1 kg kleine bis mittelgroße Kartoffeln (Drillinge)
180–200 g Meersalz

Zubereitung
Die ungeschälten Kartoffeln in kaltem Wasser gut abbürsten und waschen. Diese in einen Topf geben, sodass sie knapp mit Wasser bedeckt sind. Das Salz dazugeben (Keine Angst, es ist nicht zu viel!) und mit halb aufgelegtem Deckel 20 Minuten auf hoher Flamme weich kochen lassen. Falls nicht alles Wasser verdampft ist, das restliche Kochwasser abgießen, den Topf wieder aufs Feuer stellen und mehrmals rütteln: So dampfen die Kartoffeln aus und erhalten die gewünschte weiße Salzkruste.

MOJO ROJO

Vegan, laktosefrei

Zutaten
½ TL Kreuzkümmelpulver
1 EL Paprikapulver
3 Knoblauchzehen, gehackt
2 rote Chilischoten (falls getrocknet, vorher in warmem Wasser einweichen)
5 EL Tafelessig
2 rote Paprika, entkernt und ohne Stiel
80 ml Olivenöl
1 TL Zucker
1 TL Salz, einige Umdrehungen aus der Pfeffermühle
3 Scheiben helles Brot, z. B. Brot vom Vortag, z. B. Weizenbrot (ohne Rinde, in wenig Wasser eingeweicht)
oder 60–80 g Paniermehl (damit wird die Konsistenz cremiger)

Zubereitung
Kreuzkümmel- und Paprikapulver ohne Fett in einer Pfanne mit dickem Boden bei mittlerer Hitze unter häufigem Wenden anrösten, bis es anfängt zu duften. Die Gewürze aus der heißen Pfanne in ein Töpfchen löffeln. Das Anrösten intensiviert den Geschmack.

Bis auf das Brot alle Zutaten miteinander pürieren. Dann je nach gewünschter Konsistenz Brot oder Paniermehl hinzufügen und weitermixen, bis die Masse schön cremig wird. Gut verschlossen ist die Mojo rojo bis zu 3 Wochen im Kühlschrank haltbar.

MOJO VERDE

Vegan, laktosefrei

Zutaten
1–2 Knoblauchzehen, gehackt
2 grüne Chilischoten, entkernt und gehackt
1 Bund frischer Koriander (ca. 50 g), kalt abgebraust, trockengeschüttelt, fein gehackt
½ TL Kreuzkümmelpulver (optional)
90 ml Olivenöl
60 ml Tafelessig
3 Scheiben helles Brot, z. B. Brot vom Vortag, z. B. Weizenbrot (ohne Rinde, in wenig Wasser eingeweicht) oder 4 EL Paniermehl (damit wird die Konsistenz cremiger)
Meersalz

Zubereitung
Bis auf das Brot alle Zutaten im Mixer pürieren. Dann je nach Konsistenz Brot oder Paniermehl hinzufügen und weitermixen, bis es schön cremig wird. Falls die Mojo verde zu dickflüssig ist, mit etwas Wasser verdünnen. Mit Salz nach Wunsch abschmecken. Gut verschlossen ist die Mojo verde bis zu 1 Woche im Kühlschrank haltbar.

ATELIER

MAI
MAI
MAI

KINDHEITS-ERINNERUNGEN

BANANEN-WALNUSS-KUCHEN

„Dieser vegane Bananenkuchen schmeckt so gut, dass man die Butter nicht vermisst“, schwärmt Sabine Hueck und freut sich über das vegane Comeback des köstlichen Kuchens. Außerdem passt er gut in ihre Zero-Waste-Philosophie, denn für die Zubereitung werden überreife Bananen verwendet. Sie geben dem Kuchen seine natürliche Süße, die durch das leicht süße Aroma der Walnüsse unterstützt wird.

„Bananenkuchen ist mein Lieblingskuchen“, sagt Sabine Hueck. „Im Unterschied zu vielen anderen Kuchen tut er auch dem Körper gut.“ In Huecks Heimat Brasilien ist Bananenkuchen in jedem Haushalt präsent, als Kind nahm sie ihn als Lunchpaket mit in die Schule und liebte schon damals die Geschmackskombination aus Zimt, Bananen und Nüssen. Bananenkuchen kann man übrigens ruckzuck ganz ohne Mixer zubereiten.

„Mit Bananenkuchen habe ich angefangen zu kochen“, erzählt Hueck und schwelgt in Erinnerungen: „Damals habe ich für den Teig einfach reife Bananen, Mehl, Zucker und Öl mit der Silbergabel meiner Oma Charlotte zerdrückt – die hatte ich auf Reisen immer dabei.“

十八子作

BANANEN-WALNUSS-KUCHEN

Vegan, laktosefrei

Zutaten
5 sehr reife Bananen (etwa 700 g)
100 ml neutrales Öl
100 ml Mandel-, Hafer- oder Sojamilch
1 TL Zimtpulver
150 g Walnusskerne
200 g Dinkel-Vollkornmehl
150 g brauner Zucker
1 EL Natron
1 Prise Salz

Zur Dekoration
2 ganze Bananen

Zum Backen
eine Kastenform (23–25 cm lang)
etwas Öl zum Einfetten der Form oder Backpapier

Zubereitung
Den Ofen auf 180 °C Ober-/Unterhitze vorheizen. Eine Kastenform einfetten oder mit Backpapier auslegen. Alle Bananen schälen. 3 Bananen mit Öl, Pflanzenmilch und Zimt mithilfe eines Kartoffelstampfers oder einer Gabel fein zerdrücken.

Die Walnüsse grob hacken. Alle trockenen Zutaten in einer Schüssel mischen und unter die Bananenmasse heben. Den Teig gut umrühren und in die Kastenbackform füllen.

Die restlichen Bananen längs halbieren und mit der Innenseite nach oben leicht auf den Teig drücken.

Den Kuchen 50 Minuten backen, dann eine Garprobe mit einem Zahnstocher machen. Haften keine Rückstände am Zahnstocher, ist der Kuchen gar. Alternativ noch 5 Minuten backen, nochmals Garprobe machen. Bis zu 60 Minuten backen. Kuchen aus dem Ofen nehmen, in der Form 10 Minuten abkühlen lassen, im Backpapier servieren.

JUNI

JUNI

ZU HAUSE IN DER WELT

CEVICHE

In Peru findet man das Gericht aus gewürfeltem rohen Fisch und aromatischem Sud überall, es gilt als Nationalgericht, erzählt Sabine Hueck, die auch mal einige Jahre in Peru gelebt hat. Ihr Rezept wird mit frischen Fischen und Meeresfrüchten sowie mit vorgeröstetem türkischen Mais zubereitet, weil der schön knusprig ist.

Die Süße der Süßkartoffeln und die Schärfe von Chili und eingelegten Zwiebeln balanciert die Säure der Limetten aus und ergibt den köstlichen Sud, Leche de tigre genannt. „Die Ceviche-Abende im Atelier Culinário sind sehr erfolgreich“, sagt Hueck.

„Es gibt sogar einen internationalen Ceviche-Tag, den 28. Juni.“ Dann kommen alle zusammen, gesellen sich um die Kochinsel und experimentieren mit Süß- und Salzwasserfischen, aber auch mit Pilzen und Gemüse für die vegane Variante. Leche de tigre gilt in Peru übrigens als Wundermittel und wird im Shotglas als Tigermilch verkauft. Sie soll gegen einen Kater nach zu viel Pisco-Sour-Cocktails helfen, gibt Kraft und Energie und verspricht Potenz.

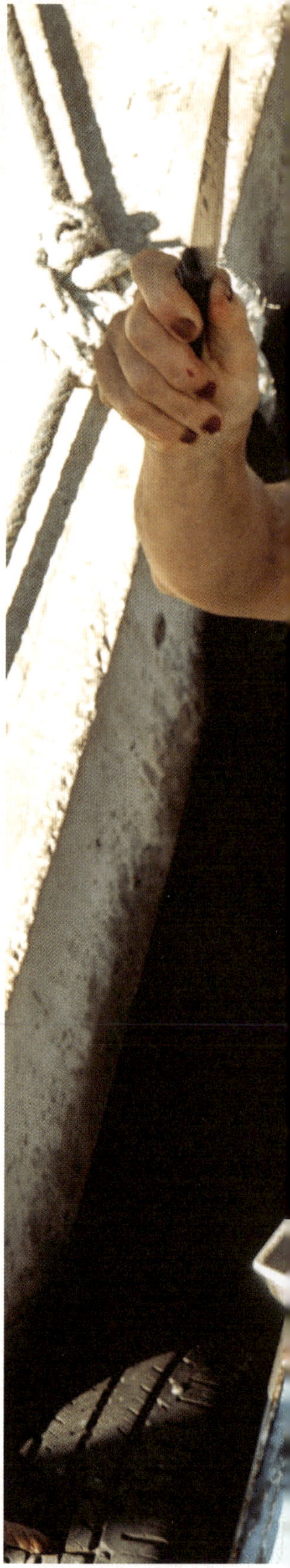

CEVICHE

Glutenfrei, laktosefrei

Zutaten
1 rote Zwiebel
2 Stangen Sellerie

Fisch
300 g sehr frisches, festes weißes Fischfilet
z. B. Wolfsbarsch, Seebarsch,
Seezunge, Seehecht, Dorade

Leche-de-tigre-Marinade
2 Knoblauchzehen
1–2 frische kleine Chilischoten (*ají limo*)
je nach gewünschtem Schärfegrad
5 Stängel Koriandergrün (idealerweise mit
Wurzeln, die Blätter für die Dekoration verwenden)
1 Selleriestange
120 ml Limettensaft (ca. 3–4 Limetten)
1 Eiswürfel
2–3 TL frischer Ingwer, gerieben
1 TL feines Meersalz

Als Beilage
1 Süßkartoffel (ca. 400 g)
geröstete Maiskörner

Zubereitung
Die rote Zwiebel schälen, halbieren und in feine Streifen schneiden. Die Zwiebelstreifen in eine Schüssel geben und mit eiskaltem Wasser bedecken. Mindestens 1 Stunde oder über Nacht im Kühlschrank ziehen lassen, bei längerer Einweichzeit das Wasser zweimal wechseln. So bekommt die Zwiebel eine mildere Schärfe und bleibt schön knackig.

Die Süßkartoffel schälen, im Ganzen in einen Topf geben, etwa 20 Minuten weich garen. Abkühlen lassen und in 2-cm-Würfel oder 1-cm-Scheiben schneiden. Abgedeckt beiseitestellen.

Für die Leche-de-tigre-Marinade Knoblauch schälen, Chilischote klein schneiden. Falls verwendet, die Korianderstängel kalt abbrausen, trocken tupfen, hacken. 1 Stange Sellerie in Scheiben schneiden. Alles in einer Schüssel mengen. Mit den restlichen Zutaten in einem Mixer oder Pürierstab zerkleinern, sorgfältig durch ein Sieb drücken, damit der ganze Saft austreten kann, kaltstellen.

Den restlichen Sellerie putzen und in dünne Scheiben schneiden.

Das Fischfilet unter kaltem Wasser abbrausen, trocken tupfen und mit einem scharfen Messer in Würfel von 0,5–1 cm Kantenlänge schneiden. Mit der kalten Leche-de-tigre-Marinade, Sellerie, der Hälfte der abgetropften Zwiebel und Koriander vermengen und 10 Minuten abgedeckt im Kühlschrank ziehen lassen. Abschmecken und nach Wunsch mit mehr Chili und Koriander mischen.

Die Ceviche in Schalen mit den weichen Süßkartoffelwürfeln und dem Rest der roten Zwiebel und Korianderblättern garnieren. Den gerösteten Mais (im Latino- oder türkischem Supermarkt gekauft) in separaten Schälchen dazu reichen.

Die Limetten nicht zu stark pressen, da sich sonst Bitterstoffe vom weißen Teil der Schale in den Saft lösen.

Falls man sich bei rohem Fisch nicht ganz sicher ist (Bakterien usw.), kann man den Fisch auch 24 Stunden bei -20 °C einfrieren. Wenn er noch halb gefroren ist, lässt er sich am besten in Würfel schneiden.

Der Kontakt vom Fisch mit Säure denaturiert das Eiweiß, und das Fischfleisch wird weiß, so ähnlich wie beim Garen.

„MIR GEFÄLLT DAS SPIELERISCHE“

Wie Sabine Hueck mit Atelier Culinário die Kochszene erobert

EIN INTERVIEW VON CLAUDIA SIMONE-HOFF MIT SABINE HUECK

Sabine Hueck ist ein Multitalent. Dass sie nicht nur gut kochen kann und eine begnadete Geschichtenerzählerin ist, zeigt ihr Ladenatelier in Berlin-Schöneberg. Im Atelier Culinário geht die Brasilianerin mit deutschen Wurzeln neben dem Kochen ihrer Vorliebe fürs Design und Dekorieren nach.

Hier kombiniert sie Keramikfiguren aus ihrer Heimat mit gemusterten Kissen und Ölgemälden, Silberbesteck vom Flohmarkt und Stücken aus der Kollektion Junto von Rosenthal. Wir sprachen mit ihr über das Porzellan ihrer Kindheit, die Küche als kreativen Ort und stilistische Brüche.

Die Tische im Atelier Culinário sind immer schön und oft überraschend gedeckt – mit Geschirr, Kerzenständern, Vintage-Besteck, Blüten und Zweigen. Wie stellst du dieses behagliche, sehr wohnliche Ambiente her?

Den Tisch für meine Gäste schön zu decken, bedeutet für mich Zuwendung und Fürsorge. Dabei versuche ich, verschiedene Stücke und Stile harmonisch miteinander zu verweben. So entsteht ein buntes Miteinander von Farben, Formen und Dekoren – quer über Länder, Epochen und Hersteller hinweg. In den Kürbisschalen und dunklen Keramiken aus Brasilien serviere ich beispielsweise gern Suppen, beim Besteck kombiniere ich verschiedene Stücke aus Silber, die ich auf dem Flohmarkt gefunden habe. Ich mische mit der ganzen Welt. (lacht) Mir gefällt das Spielerische am Akt des Tischdeckens, das Künstlerische – die Idee, Speisen und Tableware miteinander zu verbinden. Die Auswahl von Tellern, Besteck und Gläsern hängt natürlich auch immer davon ab, was es zu essen gibt.

Wie passt die neue Kollektion von Rosenthal zu deinem ja sehr persönlichen Stil?

Mein Ladenatelier ist ein Ort des Kochens, vor allem aber ein Ort des Beisammenseins und der Kommunikation. Atelier Culinário und Rosenthal verfolgen dieselbe Idee: Wir begreifen die Küche als kreativen Ort, an dem man gemeinsam etwas erschafft. Außerdem vereint Junto mit Porzellan, Keramik und Holz drei unterschiedliche Materialien – hier kommen also Gegensätze zusammen, ähnlich wie im Atelier Culinário, wo nicht nur verschiedene Zutaten, sondern auch Menschen und Kulturen aufeinandertreffen.

Was gefällt dir besonders an der Kollektion Junto?

Als Kind liebte ich verspielte Blumendekore und war deshalb ziemlich überrascht, als ich Junto das erste Mal sah. Es ist ja ein sehr zeitgemäßes Geschirr – Formen, Farben und Dekore betreffend. Den aktuellen Farbton Rose Quartz mag ich besonders gern und auch, dass die Form von Junto nicht exakt rund, sondern organisch ist. Generell gefällt mir, dass das Geschirr robust und rustikal ist, auf gewisse Weise ziemlich informell. Außerdem kann es gut mit anderen Teilen kombiniert werden. Auch für meine Gäste spielt die Tableware eine wichtige Rolle: Sie sind neugierig, wollen wissen, vom wem die Dinge hergestellt werden, schauen alles ganz genau an, berühren die Oberflächen. Ich verwende Junto übrigens auch als Geschirr in meiner Kochsendung „Con Sabor y Saber" auf Deutsche Welle TV. Dabei mische ich die Stücke von Rosenthal gelegentlich mit Keramik aus Syrien und Irak, denn ich mag stilistische Brüche.

Was verbindest du mit Rosenthal?

Rosenthal begleitet mich seit meiner Kindheit. In meiner deutsch-jüdischen Familie war Porzellan sehr wichtig, einige Stücke von Rosenthal haben es sogar bis nach Brasilien geschafft. Ich erinnere mich, dass ich in São Paulo meine Freunde von der Deutschen Schule gern zu Hause besucht habe, denn ich war fasziniert von Handwerk und Design, von der Mischung brasilianischer Volkskunst mit Bauhaus-Möbeln, die ich dort vorfand. Damals wollte ich immer zuerst den Geschirrschrank sehen, denn dort stand das feine Porzellangeschirr, das man nur zu Weihnachten und zu besonderen Gelegenheiten herausholte. Als ich vor rund zwanzig Jahren begann, in Berlin Kochkurse zu geben und an Kochschulen zu arbeiten, habe ich immer große Koffer mit Töpfen, Bratpfannen, Tellern und Besteck mit mir herumgeschleppt, denn der Tisch sollte schön gedeckt sein, was damals nicht unbedingt üblich war. Irgendwann hatte ich dann so viel Gepäck dabei, dass ich mich entschloss, eine eigene Kochschule zu eröffnen. (lacht)

Dein Ladenatelier wirkt wie eine Wunderkammer und ist mit seinen Farben und Mustern ein richtiger Gute-Laune-Ort. Regale und Schränke sind zum Bersten voll mit Tellern, Gläsern und Bestecken. Kommt eigentlich gelegentlich noch ein neues Stück hinzu?

Ich bin eine begeisterte Sammlerin und stöbere gern auf dem Flohmarkt. Dort finde ich immer etwas, das ich unbedingt haben muss, darunter auch Rosenthal-Geschirr aus den Sechziger- und Siebzigerjahren. (lacht) Räume sind eine Heimat für mich, egal ob im Atelier Culinário oder zu Hause. Sie spiegeln wider, was mich und mein Leben ausmacht.

JULI JULI JULI

GEMEINSAM AM TISCH

SOMMERROLLEN MIT ZWEIERLEI DIPS

Essen verbindet. Insbesondere, wenn man es zusammen zubereitet. Dass es dabei ziemlich lässig zugehen kann, zeigt dieses Rezept. Die Sommerrollen von Sabine Hueck verbinden eine vietnamesische Tradition mit Zutaten aus der Umgebung oder dem Garten wie Spargel, Möhren und Roter Bete. „Sommerrollen sind eine schöne Möglichkeit, zusammen zu kochen und zu interagieren“, sagt sie. Dabei werden die Zutaten der Saison angepasst, was im Sommer, wenn Kräuter und bunte Blüten durch das transparente Reispapier schimmern, besonders reizvoll aussieht.

Während für die vegetarische Variante der Sommerrolle im Herbst gedünsteter Fenchel mit Nüssen zum Einsatz kommen, ist für die Fleischversion eine Füllung aus geräucherter Entenbrust aus der Region wunderbar aromatisch. „Schnittlauch muss unbedingt mit hinein in die Sommerrolle“, findet Hueck. „Er sieht schön aus und hat viel Aroma.“ Dazu werden selbstgemachte, vegane Saucen serviert: ein Minze-Koriander-Dip und eine klassische Erdnuss-Zitronengras-Sauce.

SOMMERROLLEN MIT ZWEIERLEI DIPS

Glutenfrei und laktosefrei

Zutaten für ca. 8 Rollen
1 Packung rundes Reispapier,
Durchmesser 22 cm

Mit Fleischfüllung
2 knackige Möhren
1 Gurke
5 knackige Radieschen
1 EL Öl
4 Stangen grüner Spargel
1 geräucherte Entenbrust
oder 60-80 g Paniermehl (damit wird die Konsistenz cremiger)
½ Bund Pfefferminze
½ Bund Koriander
½ Bund Dill
2 Bund Schnittlauch
Salatblätter

Vegane Variante
1 Fenchelknolle
1 Knoblauchzehe
1 EL Öl
1 EL Balsamicoessig
½ Bund Pfefferminze
½ Bund Koriander
½ Bund Dill
1 Bund Schnittlauch
1 Handvoll Walnusskerne
Salatblätter

Zubereitung
Möhren raspeln oder in feine Streifen schneiden. Gurke auf 9 cm lange Stücke kürzen, die Kerne herausschaben und längs in 1 cm dünne Stifte schneiden.

Radieschen putzen, waschen, in Streifen schneiden. Vom Spargel das Ende abschneiden. Öl in einer Pfanne erhitzen und den Spargel zwei Minuten lang anbraten. Aus der Pfanne nehmen und die Spargelstangen halbieren. Den Fettrand der Entenbrust entfernen, das Fleisch in 1–2 cm dicke und 10 cm lange Streifen schneiden. Den Kopfsalat und die Kräuter waschen, trockenschütteln und die Blätter der Kräuter abzupfen.

Vegetarische Variante
Fenchelknolle putzen, die harten äußeren Teile entfernen und Fenchelgrün beiseitelegen. Fenchel längs halbieren, den Strunk herausschneiden und den Fenchel in Streifen schneiden. Den Knoblauch klein hacken. Beides zusammen in etwas Öl anbraten und mit Balsamicoessig ablöschen. Fenchelstreifen in 3 Minuten bissfest garen, mit Salz und Pfeffer würzen. Die Nüsse grob hacken und ebenfalls für die Füllung verwenden.

Fertigstellen der Sommerollen
Eine Schüssel mit lauwarmem Wasser für das Reispapier bereithalten. Jeweils ein Blatt Reispapier kurz ins Wasser legen und, sobald es biegsam ist, herausnehmen und auf einen Teller legen. Ein Salatblatt auf das untere Drittel des feuchten Reisblattes legen.

Zutaten nach Geschmack auswählen und darauf verteilen. Das Reispapier einmal einrollen, dann die seitlichen Ränder einschlagen, erst jetzt die essbaren Blüten darauf verteilen und erneut straff zusammenrollen.

Auf die gleiche Weise die restlichen Reispapierblätter verarbeiten. Die fertigen Rollen auf die restlichen Salatblätter und Kräuter legen, mit essbaren Blüten garnieren und zusammen mit den Dips servieren.

MINZE-KORIANDER-DIP

Vegan, glutenfrei und laktosefrei

Zutaten
100 g Cashewkerne oder Mandeln
4 Stängel Minze
einige Stängel Dill
½ Bund Koriander (möglichst mit Wurzeln)
1 Knoblauchzehe
1 kleine entkernte Chilischote
100 ml Limettensaft (von ca. 2 Limetten)
3 EL Öl
Meersalz

Zubereitung
Die Cashewkerne oder Mandeln in einem Schüsselchen mit kaltem Wasser bedecken. Mindestens 4 Stunden einweichen. Alle Kräuter kalt abbrausen und trockenschütteln. Die Minzblätter vom Stiel zupfen. Dill, Koriander samt Stiel und Wurzel sowie den Knoblauch grob hacken. Nüsse abgießen. Alles in einen Mixer geben und mit dem Öl und Meersalz nach Wunsch fein pürieren. Eventuell noch etwas Wasser dazugeben.

ERDNUSS-ZITRONENGRAS-SAUCE

Glutenfrei, laktosefrei

Zutaten
1 frische, kleine Chilischote
1 Knoblauchzehe
100 g Erdnussmus (oder Mandelmus)
2 EL Fischsauce
100 ml Kokosmilch
1 Stängel Zitronengras
Salz

Zubereitung
Chili entkernen und klein hacken. Knoblauch schälen, fein hacken. Mit Erdnussmus (Mandelmus), Chili und 80 ml lauwarmem Wasser in einer Schüssel vermischen. Die Fischsauce und die Kokosmilch hinzufügen. Die äußeren Blätter des Zitronengrases entfernen und nur den weichen, hellen Teil im Inneren des Halms klein hacken. Alle Zutaten vermischen und mit Salz abschmecken. Unterrühren und mit Salz nach Wunsch abschmecken.

AUGUST
AUGUST
AUGUST

VERFÜHRT DURCH FINGERFOOD

TAPIOKA-SCHIFFCHEN MIT SAIBLING-TATAR UND ERBSEN-GUACAMOLE

„Dieses Gericht ist für Menschen gedacht, die gern etwas Neues ausprobieren wollen“, sagt Sabine Hueck. Sie meint die dekorativen Tapioka-Schiffchen – im Ofen gebackene Crêpes aus Tapioka-Stärke, die sich besonders gut als Fingerfood eignen. In Brasilien, der Heimat der Köchin, werden sie überall auf der Straße verkauft, ganz besonders im Norden des Landes. Mit schwarzem Sesam, Dill, Koriander und dekorativen Blüten serviert, wird aus dem brasilianischen Streetfood im Atelier Culinário ein schöner Eyecatcher. Sabine Hueck zaubert daraus entzückendes Fingerfood für die Party, befüllt mit selbst gemachtem Saibling-Tatar oder wahlweise einer ungewöhnlichen Guacamole.

TAPIOKA-SCHIFFCHEN MIT SAIBLING-TATAR UND ERBSEN-GUACAMOLE

Glutenfrei und laktosefrei

Für Tapioka-Crêpes à 20 cm Durchmesser (Grundlage der Schiffchen)

Zutaten

200 g Maniok- bzw. Tapiokastärke
90–100 ml Wasser
¼ TL Salz

Außerdem
ein feines Sieb
eine fettfreie Pfanne

Eventuelle Reste der Tapioka- bzw. Maniokmasse halten sich gut verschlossen im Kühlschrank für weitere Crêpes.

Zubereitung

Stärke und die Hälfte des Wassers mit dem Salz in einer Schüssel vermischen. So lange Wasser portionsweise angießen und Maniok- oder Tapiokastärke kräftig mit den Händen einarbeiten, bis eine feuchte, krümelige Masse entsteht (es soll kein Teig daraus werden). Die Pfanne auf mittlerer Hitze erhitzen. Die Tapioka-Masse mithilfe eines Löffels oder eines Teigschabers durch ein Sieb direkt auf die heiße Pfanne streichen, bis der Pfannenboden bedeckt ist. Mit einem Teigschaber die Masse gleichmäßig verstreichen, warten, bis sich der Rand nach ca. 30 Sekunden von der Pfanne löst, wenden und von der anderen Seite weitere 30 Sekunden backen.

Den Backofen auf 180 °C vorheizen. Die noch warmen Crêpes in Rechtecke schneiden und stückweise über einen Holzlöffel legen. 5 Sekunden zusammendrücken, damit sie eine Schiffchenform bekommen. Ofen ausschalten. Fertig geformte Schiffchen im noch warmen Ofen auf einem Backblech etwa 30 Minuten trocknen lassen.

In luftdichten Behältern aufbewahren. Sie halten sich bis zu 3 Monate.

Tipp: In lateinamerikanischen Geschäften gibt es fertig hydratisierte Tapiokastärke zu kaufen. In diesem Fall werden die Crêpes direkt in der Pfanne wie oben beschrieben zubereitet. Diese nach Wunsch mit Käse belegen, zusammenklappen und warten, bis er geschmolzen ist. Alternativ die fertig gebackenen Crêpes mit Butter bestreichen und herzhaft oder süß füllen und warm genießen.

SAIBLING-TATAR

Glutenfrei, laktosefrei

Zutaten
250 g Saiblingsfilets, ohne Haut, in Sushi-Qualität (alternativ Lachs)
2 Stängel glatte Petersilie
2 Schalotten
1 TL geriebener Ingwer
1 EL Olivenöl
½ TL Meersalz
schwarzer Pfeffer nach Belieben
einige Tropfen Tabasco

Zur Dekoration
2 TL schwarzer Sesam
Dill oder Korianderblätter, nach Belieben
essbare Blüten, nach Belieben

Zubereitung
Saiblingsfilet waschen, mit Küchenpapier trocken tupfen. Gräten mit einer Pinzette gründlich entfernen. Fleisch fein würfeln. Von der Petersilie die groben Stiele entfernen und den Rest fein hacken. Die Schalotten schälen und fein würfeln. Alles mit dem geriebenen Ingwer gut vermengen. Olivenöl zufügen und mit Salz, Pfeffer sowie einigen Tropfen Tabasco abschmecken.

Fertigstellung
Die Tapiokaschiffchen abwechselnd mit der Erbsen-Guacamole (Rezept rechts) und Saibling-Tatar belegen, mit den Deko-Zutaten bestreuen und sofort servieren.

Reste passen super als Belag zu knusprig gebackenen Weißbrotscheiben. In größerer Runde kann man die Füllungen in diversen Schüsselchen auch zusammen mit unbefüllten Tapiokaschiffchen anrichten, so dass alle ihre Schiffchen nach Wunsch belegen können.

ERBSEN-GUACAMOLE

Vegan, glutenfrei und laktosefrei

Zutaten
1 Zwiebel
2 Knoblauchzehen
80 ml Öl
300 g Erbsen, frisch oder gefroren
1 Chilischote oder Cayennepfeffer nach Geschmack
½ Bund Koriander (mit Wurzeln, wenn Sie sie finden)
120 ml Limettensaft (3–4 Limetten)
Salz und Pfeffer zum Abschmecken

Dekoration
2 Schalotten oder kleine rote Zwiebeln
Korianderblättchen
1 Tomate

Zubereitung
Zwiebel und Knoblauchzehen klein hacken.
Die Hälfte des Öls im Topf erhitzen und darin die Zwiebel sowie die Hälfte des Knoblauchs kurz anbraten. Die Erbsen dazugeben und mit 100 ml Wasser 2 Minuten köcheln lassen. Vom Herd nehmen und abkühlen lassen.

Chilischote entkernen, falls man es nicht so scharf haben möchte. Die Erbsen mit dem restlichen Knoblauch, dem Limettensaft, der Hälfte des Korianders samt Wurzeln und Stängel und Chili im Mixer pürieren. Das restliche Öl während des Pürierens angießen, mit reichlich Salz und Pfeffer abschmecken und zu einer feinen Creme verarbeiten. Falls die Guacamole zu fest und nicht cremig genug ist, kann man noch einen kleinen Schuss Wasser dazumixen.

Die Schalotten schälen und fein würfeln. Korianderblättchen bereit halten. Die Tomate waschen und halbieren, entkernen, in Würfelchen schneiden. Mit diesen Zutaten die Guacamole garnieren.

SEPTEMBER

SEPTEMBER

ÜBERRASCHT MIT RESTEN

ZITRONENGRAS-GEMÜSESUPPE, RADIESCHENBLÄTTER-PESTO UND KÖRNER-KNÄCKEBROT

Was der Kühlschrank an Gemüse hergibt, verwendet Sabine Hueck für diese köstliche Suppe – einschließlich der Gemüseblätter. Zutaten also, die oft unbedacht weggeworfen werden und dabei doch einen ganz eigenen Geschmack beisteuern, wie die Wurzeln von Frühlingszwiebeln und Lauch oder Sellerieschale. Clou der Gemüsesuppe sind Gewürze wie Zitronengras, Koriander, geriebener Ingwer, Currypulver und Zitronenzeste. „Für diese Suppe ist die Kombination von Kohlenhydraten wie Süßkartoffeln oder Kartoffeln und aromatischen Fetten wie Kokosmilch wichtig", erklärt Hueck. „Schließlich soll die Suppe ja schön cremig werden." Überraschend sind die Beilagen: ein Pesto aus Radieschenblättern und Nüssen und ein selbst gebackenes Knäckebrot aus Kürbiskernen, Sesam und Leinsamen.

ZITRONENGRAS-GEMÜSESUPPE

Vegan, glutenfrei und laktosefrei

Zutaten
300 g Gemüsereste aus dem Kühlschrank (Karotten, Lauch, Fenchel, Blumenkohl)
300 g Kartoffeln, Süßkartoffeln oder Kürbis
1 Korianderwurzel
2 Stängel Zitronengras
1 mittelgroße Zwiebel
2 Knoblauchzehen
1 TL geriebener Ingwer
3 EL Pflanzenöl
1 l Gemüsebrühe
100 ml Kokosmilch oder vegane Sahne
1 Bio-Zitrone, Abrieb und 1 EL Saft
½ TL Zucker
½ TL Currypulver
etwas Cayennepfeffer nach Geschmack
Meersalz

Zubereitung
Für die Suppe Gemüsereste putzen und klein würfeln, Kartoffeln bzw. Süßkartoffeln oder Kürbis schälen, waschen und ebenfalls würfeln. Korianderwurzel klein schneiden. Vom Zitronengras die äußeren Blätter entfernen und den hellen, weichen Teil klein hacken.

Das Öl in einem Suppentopf erhitzen und darin die Zwiebel und Knoblauch fein hacken und zusammen mit Korianderwurzel und Ingwer kurz anschwitzen. Das Gemüse sowie die Kartoffeln dazugeben und ca. 2 Minuten unter ständigem Rühren andünsten. Mit der Brühe ablöschen. Zitronengras hinzufügen und bei niedriger Hitze ca. 20 Minuten garen, bis die Kartoffeln und Gemüsereste weich sind. Kokosmilch oder Sahne dazugießen und die Suppe mit einem Pürierstab fein pürieren. Mit Zitronensaft und -abrieb, Zucker, Currypulver, Cayennepfeffer und Salz abschmecken.

Aus dem Rest der Zitronengrasblätter kann man einen wunderbaren Tee zubereiten.

Im Asia-Laden wird oft der frische Koriander mit Wurzel verkauft.

RADIESCHENBLÄTTER-PESTO

Glutenfrei

Zutaten
100 g frische junge Bio-Radieschenblätter
1 Knoblauchzehe
50 g Petersilie
50 g Schnittlauch
80 g Walnusskerne oder Pinienkerne (geröstet)
1 Bio-Zitrone, Schale gerieben, Saft (2 EL) gepresst
100 ml Olivenöl
50 g Parmesan
Salz und Pfeffer

Zubereitung
Die Radieschenblätter hacken und die Knoblauchzehe schälen. Petersilie und Schnittlauch waschen, trocken tupfen, mit der geschälten Knoblauchzehe hacken. Mit den Nüssen, dem Zitronenabrieb und -saft und den Blättern mit dem Olivenöl im Standmixer oder mit dem Pürierstab grob pürieren. Parmesan reiben, unterziehen, nochmals pürieren, dann salzen und pfeffern.

Radieschenblätter halten sich nicht lange. Sind sie etwas verwelkt, können sie in einem Eiswasserbad mit nur wenig Essig aufgefrischt werden.

KÖRNER-KNÄCKEBROT

Vegan, glutenfrei und laktosefrei

Zutaten
80 g Kürbiskerne
70 g Sesamsaat, weiß und ungeröstet
120 g Leinsamen, geschrotet
80 g Kartoffel- oder Maisstärke
je ½ TL gemahlene oder gemörserte
Koriander- und Fenchelsamen
6 EL neutrales Öl (ca. 50 ml)
150 ml heißes Wasser
Salz

Dekoration
Radieschen, in feine Stifte geschnitten
Kokoscreme
Mandeln (geröstet und grob gehackt)

Zubereitung
Alle Zutaten bis auf das Öl und das Wasser in eine große Schüssel geben und kurz mit der Hand durchmischen. Das Öl und Wasser hinzugeben, kurz vermengen, leicht salzen, 10 Minuten ziehen lassen. Den Ofen auf 180 °C Ober-/Unterhitze vorheizen.

Den Teig noch einmal rühren. Falls er zu trocken ist, noch etwas Wasser unterrühren und nochmals durchrühren, bis eine zähe Masse entsteht. Diese auf ein mit Backpapier ausgelegtes Backblech geben und mit einem feuchten Löffelrücken oder einem Teigschaber gleichmäßig dünn (0,5 cm) verstreichen.

20 Minuten backen, zwischendurch mehrfach die Ofentür öffnen, damit Feuchtigkeit entweichen kann. Prüfen, ob die Masse schon trocken ist, alternativ noch 10 Minuten backen. Tipp: Das Knäckebrot wird erst richtig knackig, wenn es abkühlt. Sollte etwas übrig bleiben, bitte trocken aufbewahren!

Zum Anrichten die heiße Suppe in kleine, vorgewärmte Schälchen füllen und mit Pesto, Radieschen, Kokoscreme, Mandeln und Knäckebrot anrichten und servieren.

Wenn Sie noch etwas Salsa Criolla (Rezept siehe Seite 28) übrig haben, wäre sie ebenfalls passend, auch als Ersatz fürs Radieschenblätter-Pesto.

Die Kartoffelschalen der Suppe kann man wunderbar für die Chips (S. 135) verwenden. Vollständig mit Öl bedeckt, hält sich Pesto einige Tage.

OKTOBER

OKTOBER
OKTOBER

SABINE HUECK

LÄSST EINTAUCHEN INS ECHTE BERLIN

LAMMBOULETTEN, SCHALENCHIPS, BIRNENKETCHUP & SENF-MAYO VEGANE ALTERNATIVE: GRÜNKERN-FRIKADELLE

Kreative Resteverwertung ist auch beim Kochen eine gute Idee. Schalen von Karotten, Kohlrabi und Kartoffeln lassen sich nämlich wunderbar weiterverwerten, wenn sie biologisch angebaut wurden. Mit Salz, Pfeffer, Öl und Zitronenabrieb lassen sich daraus gesunde und sehr würzige Chips zubereiten.

Damit jeder Gaumen glücklich wird, gibt's neben den Lammbouletten auch eine fleischlose Variante. Sabine Hueck serviert dazu einen Birnenketchup und eine vegane Senf-Mayonnaise auf Sojamilchbasis. Eine schöne Referenz an die Berliner und auch an die türkische Kultur sind die Lammbouletten, die nicht nur bei Kindergeburtstagen Begeisterung auslösen dürften. „Dieses Gericht ist wie Atelier Culinário", sagt Hueck, „eine verrückte Mischung aus allem."

LAMMBOULETTEN

Zutaten für ca. 20 Stück
½ TL frischer Ingwer, gerieben
1 Knoblauchzehe, fein gehackt
500 g Lammhackfleisch
50 g Paniermehl
1 Ei
3 EL Olivenöl
1 TL Kreuzkümmel
1 TL Zimt
½ TL Cayennepfeffer
Meersalz und Pfeffer

Zubereitung
Den Backofen auf 200 °C Ober-/Unterhitze vorheizen. Ein Backblech mit Backpapier auslegen.

Ingwer und Knoblauch mit Lammhackfleisch, Paniermehl, Ei, Olivenöl, Kreuzkümmel, Zimt, Cayennepfeffer, Zitronensaft, Salz und Pfeffer gut vermengen. Abschmecken und zu walnussgroßen Bällchen formen.

Die Bällchen nebeneinander auf das Backblech legen und im Backofen 10–15 Minuten knusprig-braun backen, bis das Fleisch durchgegart ist.

TIPP: Wer rohes Fleisch nicht probieren möchte, kann in der Pfanne ein Bällchen zur Probe braten und gegebenenfalls nachwürzen.

GRÜNKERN-BRATLINGE

Vegetarische Alternative

Zutaten
150 g Grünkernschrot (mittelgrob)
250 ml Gemüsebrühe
1 Zwiebel
1 Knoblauchzehe
1 Möhre
50 g frische Kräuter (z. B. Thymian, Basilikum, Koriander oder Brennnessel)
100 g Ghee (Butterschmalz) oder Öl zum Anbraten
2 Eier
2 EL Maisstärke
2 EL geriebener Parmesan
feines Meersalz
Pfeffer

Zubereitung
Den Grünkernschrot mit der Gemüsebrühe in einen Topf geben und gut verrühren. Aufkochen lassen, dann die Temperatur reduzieren, abgedeckt 15 Minuten leicht köcheln lassen und abschließend abkühlen.

In der Zwischenzeit die Zwiebel und den Knoblauch fein hacken. Die Möhre schälen, raspeln. Die Kräuter verlesen und fein hacken. Wenn Sie frische Brennnesseln verwenden, radeln Sie mit dem Nudelholz mehrfach über die großzügig ausgelegten Blätter, um alle Brennhaare zu entfernen. Wie das geht, sehen Sie rechts.

Etwas Ghee oder Öl in einer Pfanne erhitzen und die Zwiebel und den Knoblauch anschwitzen, bis sie glasig sind. Vom Herd nehmen und abkühlen lassen.

Grünkernmasse in einer Schüssel mit Salz und Pfeffer mischen. Eier aufschlagen, mit Zwiebeln, Knoblauch, Karottenraspel und Kräutern unter die Grünkernmasse heben, mit den Händen durchkneten, dabei die Maisstärke und den Parmesan dazugeben. Aus dem Teig 12 Burgerpattys oder mehrere kleine Frikadellen formen. (Sollte die Masse zu flüssig geraten sein und nicht die Form halten, esslöffelweise Mehl oder Paniermehl einarbeiten.)

Restliches Ghee oder Öl in einer Pfanne erhitzen und die Frikadellen auf jeder Seite etwa 5 Minuten bei mittlerer Hitze goldbraun braten.

Culinário

SCHALENCHIPS

Vegan, glutenfrei, laktosefrei

Zutaten

3 Handvoll (etwa 140 g) Schalenreste von Bio-Möhren,
Bio-Kartoffeln und Bio-Süßkartoffeln, gewaschen und trocken getupft
3 EL Pflanzenöl
1 EL Essigessenz
½ TL Chili
1 TL Pimentón de la Vera (Picante)
½ TL Salz
1 Prise Pfeffer

Zubereitung

Den Ofen auf 200 C° Ober-/Unterhitze vorheizen. Die Gemüseschalen mit Öl, Essigessenz und Chilipulver gut vermengen. Ein Backblech mit Backpapier auslegen und die Schalen auf dem Backblech so ausbreiten, dass sie nicht überlappen, so werden sie von allen Seiten schön knusprig. Auch darauf achten, dass die Schalen mit der hellen Seite nach oben liegen, so backen sie schneller. Die Schalen backen, bis sie goldbraun und knusprig werden, dauert je nach Menge und Dicke der Schale etwa 30 Minuten, zwischendurch die Ofentür öffnen, damit Feuchtigkeit entweichen kann. Dabei die Chips durchrühren. Aus dem Ofen nehmen, abkühlen lassen und erst dann salzen und pfeffern. Sofort servieren!

BIRNENKETCHUP

Vegan, glutenfrei und laktosefrei

Zutaten
250 g reife Birnen
1 mittelgroße Zwiebel
½ TL frischer Ingwer
1 kleine Knoblauchzehe
100 g Tomatenmark
1 Msp. Zimt
3 EL Tafel- oder Apfelessig
½ TL Currypulver
½ TL Salz
½ TL frisch gemahlener Pfeffer
2 EL Zucker

Zubereitung
Birnen und Zwiebel klein schneiden und in Wasser (höchstens zur Hälfte bedeckt) weich kochen. Die Ingwerwurzel und die Knoblauchzehe schälen und reiben. Alle weiteren Zutaten in den Topf geben, bis zur Hälfte mit Wasser auffüllen, etwa 15 Minuten weich kochen, dann abtropfen. Alle Zutaten im Standmixer oder mit dem Pürierstab glatt pürieren. Bei Wunsch nachwürzen.

SENF-MAYO

Vegan, glutenfrei und laktosefrei

Zutaten

125 ml ungesüßte Sojamilch
2 TL Senf
1 EL Zitronensaft
150–170 ml Raps- oder Maisöl
Salz und Pfeffer

Zubereitung

Sojamilch, Senf und Zitronensaft in einen hohen Becher oder Mixer geben. Mit dem Stabmixer auf höchster Stufe pürieren. Sobald alles gut vermischt ist, das Öl langsam angießen, bis die gewünschte Konsistenz erreicht ist.

Je langsamer das Öl angegossen wird, umso kompakter wird die Mayonnaise. Die fertige Mayonnaise mit Salz und Pfeffer abschmecken. Bei Bedarf noch Currypulver oder für eine grüne Mayonnaise vor dem Mixen Kräuter, z. B. Minze, Dill oder Koriander, hinzufügen. Im Kühlschrank hält sie sich gut verschlossen bis zu 2 Wochen.

NOVEMBER

MITEINANDER

QUESADILLAS MIT KIMCHI UND SALSA DE CHIPOTLE

Korea trifft Mexiko. Was kulinarisch abenteuerlich klingt, ist typisch für Sabine Hueck. Sie liebt das überraschende Miteinander von Zutaten und Speisen, so wie bei diesem Gericht, das ursprünglich aus Kalifornien kommt. „Ich liebe Sauerkraut", sagt die Brasilianerin mit deutschen Wurzeln. Sie isst Kimchi jeden Tag zum Frühstück, was gut für die Verdauung ist und das Immunsystem stärkt. Für dieses Rezept hat die Köchin das Kimchi mit verschiedenen Rüben und Rettich statt ausschließlich mit fermentiertem Chinakohl zubereitet. Zu den Bio-Maistortillas aus dunklem Mais, die sie aus Vorpommern bezieht und Huecks Vorliebe für regionale Zutaten spiegeln, wird Guacamole ohne Avocado (Rezept siehe Seite 115) serviert. Die Kombination sei gewagt, gibt sie zu. Aber das ganze Leben ist ein Wagnis, ergänzt Hueck lachend.

QUESADILLAS MIT KIMCHI UND SALSA DE CHIPOTLE

Vegan, glutenfrei und laktosefrei

Zutaten Kimchi
½ kg Rettich, Farbe egal
½ kg Chinakohl
70 g Salz
2 Bund Frühlingszwiebeln
200 g Möhren

Zutaten Kimchipaste
2 EL Reisstärke
2 EL brauner Zucker
1 Zwiebel
4 Knoblauchzehen
50 g Gochugaru (milde koreanische Chiliflocken) oder 20 g andere Chiliflocken
1 EL Ingwer, gerieben
1 Bund Koriandergrün
1 EL Salz

Rettich und Chinakohl putzen, in dünne Streifen schneiden, kalt abbrausen.

Beides auf ein Backblech legen. Mit Salz bestreuen und mischen, mindestens 2 Stunden ziehen lassen. Dabei alle 30 Minuten wenden und kräftig drücken, um Wasser aus den Streifen herauszupressen, zwischendurch das Blech abtropfen lassen. Alternativ in einem großen Sieb auslegen. Sobald das Gemüse den größten Teil seiner Flüssigkeit verloren hat, mit den Händen ausdrücken und das Wasser entsorgen. Gründlich mit kaltem Wasser abspülen.

Frühlingszwiebeln putzen und waschen. Den weißen und grünen Teil in Stücke von etwa 1,5 cm Länge schneiden. Möhren in feine Stifte schneiden.

200 ml kaltes Wasser in einem Topf mit der Reisstärke und dem Zucker verrühren, sodass sich keine Klumpen bilden. Die Masse unter ständigem Rühren 1 Minute köcheln, bis sie eindickt und eine durchsichtige Paste entsteht. Zur Seite stellen und auskühlen lassen.

Zwiebel grob würfeln und Knoblauch fein hacken, Ingwerwurzel schälen und reiben. Zusammen mit Ingwer, Chiliflocken, Koriander und Salz fein hacken. Mit der Reispaste verrühren.

Die Kimchipaste mit Rettich, Chinakohl und den anderen Gemüsen vermischen und mit den Händen kräftig einmassieren. In sterilisierte Gläser bis etwa 3 cm unter dem Verschluss auffüllen. So kann etwas Luft eintreten, was den Gärvorgang begünstigt. Jeden Tag die Gläser für einige Sekunden öffnen, damit Gärgase entweichen können. Ist die Mischung zu „trocken", den Sud mit ein paar Esslöffeln Salzwasser auffüllen. Für einen milderen Geschmack 2 Tage mit einem locker sitzenden Deckel bedeckt bei Zimmertemperatur (ca. 20 °C) fermentieren lassen. Probieren Sie zwischendurch Ihr Kimchi-Gemüse. Bei Bedarf das Gemüse wiederholt in die Flüssigkeit drücken. Wenn es Ihnen richtig gut schmeckt, beenden Sie den Gärvorgang, verschließen die Gläser fest und stellen sie in den Kühlschrank. Im Kühlschrank wird der Fermentationsprozess verlangsamt und das Kimchi hält sich 2–3 Monate oder auch länger.

SALSA DE CHIPOTLE

Vegan, glutenfrei und laktosefrei

Zutaten
4 Tomaten
2 Knoblauchzehen
200 g Chipotle-Chili in Adobo-Sauce (Fertigprodukt)
4 EL neutrales Pflanzenöl
½ Zwiebel, klein gehackt
Meersalz und Pfeffer

Zubereitung
Die Tomaten waschen, mit den Knoblauchzehen und den Chipotle-Chilis pürieren, dabei bis zu 100 ml Wasser zugeben, damit eine glatte flüssige Sauce entsteht. Öl erhitzen und die Zwiebel darin anschwitzen. Die Sauce aus dem Mixer angießen und 5–7 Minuten leicht köcheln lassen. Mit Salz und Pfeffer abschmecken.

Hier möchte ich mein tägliches Frühstück vorstellen: Quesadillas mit Kimchi. Die Quesadilla ist ein typisch mexikanisches Gericht, es besteht aus einer gefalteten Weizen- oder Maistortilla, die mit geschmolzenem Käse gefüllt ist. Chipotle-Chili-Sauce ist eine leichte mittelscharfe Soße aus geräucherten Jalapeño-Chilis. Sie gibt es bereits in vielen Supermärkten.

ZIEGENKÄSE-QUESADILLAS

Zutaten
8 Tortillas aus Mais- oder Weizenmehl
8 Scheiben Ziegenkäse (oder Käse nach Wunsch)

Zubereitung
Jeweils eine Tortilla in einer heißen Pfanne ohne Öl erwärmen. Sobald die Tortilla weich ist, umdrehen und ein Stück Käse auf die eine Hälfte der Tortilla legen und die andere Hälfte darüberklappen, sodass man einen Halbmond in der Pfanne hat.

Die Tortilla weiter erhitzen, bis der Käse ganz geschmolzen ist, gelegentlich wenden. Mit den restlichen Tortillas ebenso verfahren, während die fertigen Quesadillas unter einem Küchentuch warm gehalten werden. Heiß servieren mit einigen Klecksen Kimchi und Salsa de Chipotle.

Natürlich passt hierzu bestens auch die Erbsen-Guacamole (S. 115)

DEZEMBER

WIE WEIHNACHTEN, NUR SCHÖNER

DER HONIGKUCHEN OHNE HONIG: BOLO DE MEL AUS MADEIRA

Er ist der Gewürzkönig unter den Weihnachtskuchen. Bolo de Mel kommt ursprünglich aus Madeira und wird aus 28 verschiedenen Gewürzen hergestellt, darunter mit Nelken, Ingwer und Muskat. Für die Zubereitung wird dunkler Zuckerrübensirup von der Insel verwendet – und keinesfalls Honig, wie man aufgrund des Namens vielleicht vermuten könnte. Dazu gesellen sich Mandeln, Madeira-Wein und oft statt Butter Schweineschmalz, weshalb Bolo de Mel sehr weich und saftig ist. Der Kuchen wird traditionell gebrochen und nicht mit dem Messer geschnitten. Auf Madeira ist er ein beliebtes Mitbringsel, auch weil er lange haltbar ist und meist schon vor Weihnachten zubereitet wird. „Bolo de Mel erinnert mich mit seiner Süße und seinen Gewürzen an Kindheit und Geborgenheit", schwärmt Sabine Hueck. „Isst man ihn, fühlt es sich an wie eine Umarmung."

Der Bolo de Mel da Madeira gehört zu den traditionellen Rezepten Portugals und wird nicht nur zu Weihnachten gegessen. Er ist süß, saftig und lange haltbar. Die Zuckermenge kann man reduzieren oder ganz weglassen, wenn er nicht so lange haltbar sein muss.

BOLO DE MEL

Laktosefrei, vegan

Madeirische Hausfrauen lassen den fertigen Teig vor dem Backen 2–3 Tage an einem kühlen Ort in Ruhe gehen. Aber mein Turborezept klappt ebenso gut.

Würziger Kuchen aus Madeira
Zutaten für 3 Kuchen à 20 cm

Vorteig
1 Packung Trockenhefe
50 g Weizenmehl

Melasse
250 g Butter
450 ml Zuckerrübensirup
60 ml Madeira (oder anderer Likörwein wie Marsala, dunkler Port, süßer Sherry)
1 Orange, gepresst (ca. 80 ml)

Teig
500 g Mehl
180 g brauner Zucker
1 TL Gewürznelkenpulver
1 TL Fenchelpulver
1 TL gemahlene Anissamen
1,5 TL Zimtpulver
½ TL Muskatnusspulver
½ TL Ingwerpulver
1 Prise Salz
1 EL Natron
250 g grob gehackte Walnusskerne und Mandeln
2 EL Orangeat

Für die Backformen (3 Kuchen à 20 cm)
Butter (Margarine) zum Einfetten

Zum Dekorieren
150 g Walnusskerne und Mandeln ohne Schale (etwa 1 Handvoll pro Kuchen)

Zum Verpacken
Back-/Wachspapier und Garn

Zubereitung
Für den Hefevorteig die Trockenhefe mit 30 ml lauwarmem Wasser und 50 g Weizenmehl in einer kleinen Schüssel vermengen und abgedeckt 15 Minuten ruhen lassen, bis sich das Volumen verdoppelt hat.

Für die Melasse Butter und Sirup in einem Topf erwärmen, bis sie sich geschmeidig verbunden haben. Etwas abkühlen lassen und dann den Likörwein und den Orangensaft unterrühren.

Mehl, Zucker, Gewürze und Natron unter den Vorteig mengen. Die lauwarme Melasse-Mischung hinzufügen und gut verrühren. Die Nüsse und das Orangeat hacken, dazugeben und alles miteinander vermengen.

Den Teig an einen kalten Ort stellen und mindestens 3 Stunden ruhen lassen. Kuchenformen mit Butter oder Margarine einfetten. Den Teig in die Formen geben und großzügig mit ganzen Walnüssen und Mandeln dekorieren.

Den Ofen auf 180 °C Ober-/Unterhitze vorheizen. Die Kuchen backen. Nach 35 Minuten eine Garprobe mit einem Zahnstocher in der Mitte des Kuchens machen. Sind keine Rückstände am Zahnstocher, ist der Kuchen gar, alternativ noch 5–10 Minuten backen. Aus dem Ofen nehmen und 10 Minuten abkühlen lassen. Danach mit einem Messer vom Rand lösen und auf einem Kuchengitter vollständig abkühlen lassen.

In Wachspapier zum Verschenken oder zum Aufbewahren trocken und luftdicht in einer Dose lagern.

REGISTER

DANKE

Die meisten Bücher sind kollektive Produkte. Auch der vorliegende Band konnte nur dank der Unterstützung vieler entstehen. Ich danke allen, die dabei mitgewirkt haben, ganz herzlich.

Ein besonderer Dank gilt der Firma Rosenthal und ihrem wunderbaren Team. Andreas Gerecke mit seinem innovativen und kreativen Geist und seinen großartigen Ideen baute die Zusammenarbeit mit Rosenthal auf. Inken Sarah Mischke danke ich ganz besonders. Sie hat die Zusammenarbeit mit Rosenthal ins Leben gerufen und mit Hingabe und Professionalität das Buchprojekt seit den ersten Tagen koordiniert. Claudia Simone-Hoff fand den perfekten Ton für die einführenden Texte, und Anja Speckhahn besorgte das Layout. Schließlich fanden wir im Christian Verlag den idealen Partner für die Umsetzung des Buchprojekts. Ich danke allen im Verlag, insbesondere Britta Bettendorf und Thomas Nehm, für die schöne Zusammenarbeit. Gabriele Gugetzer lektorierte alles präzise und geduldig, ohne sie wären wir nicht bei diesem wunderbaren Verlag. Ganz herzlichen Dank dafür!

Carina Adam ließ unsere Geschichten und Werte in ihren Bildern leben. Lisa Thaens half uns dabei, das Schöne im Einfachen zu entdecken – weniger ist mehr. Marina Jacoby und Lisa Shoemaker halfen dabei, die Rezepte in die passende Form zu gießen.

Jonny Soares und Tom Maelsa leisteten eine große Hilfe bei der finalen Bilderauswahl. Djuna Reiner und Linda Siegel lieferten die stilvoll geschneiderten Schürzen! Ebenfalls entscheidend war die persönliche und professionelle Unterstützung von Sérgio Costa, Daniela Drees, Insa Doan, Judith Salcedo Strausfeld, Natalie Sell und Sandra Viertauer. Fernanda Thome de Souza, die seit der ersten Stunde unser Atelier Culinário mitaufgebaut hat, und Hafida Boujtita, die immer für uns da ist, danke ich von Herzen. Sowie meiner lieben Familie und allen unseren Kunden, die uns immer unterstützt haben und uns viel Kraft geben.

Ich danke euch sehr und freue mich schon auf weitere gemeinsame Projekte!

IMPRESSUM

Produktmanagement: Britta Bettendorf
Texte & Rezepte: Sabine Hueck – Atelier Culiário
Fotografie: Carina Adam, weitere siehe Bildnachweis
Textredaktion: Claudia Simone Hoff
Rezeptredaktion: Lisa Shoemaker & Marina Jacoby
Koordination & Filme: Inken Sarah Mischke – Perola Filmes
Produktionsassistenz: Lisa Thaens
Lektorat: Gabriele Gugetzer
Layout und Satz: Anja Speckhahn, Rosenthal
Umschlaggestaltung: Regina Degenkolbe
Repro: LUDWIG:media
Korrektorat: Asta Machat
Herstellung: Julia Hegele
Partnermanagement: Thomas Nehm

Printed in Poland by CGS Printing

Bildnachweis
Alle Fotografien der Umschlagrückseite und des Innenteils stammen von Carina Adam, mit Ausnahme von: Dan Zoubek S. 4/5; Perola Filmes S. 7/8/9, 38/39, 66, 68, 74/75, 83, 94, 120, 140/141, 150/151, 154/155; Andreas Hörnisch S. 12, 69; Pascale Jean Louis S. 47, 126/127; Mike Bielski Seite 14/15, 46.

Unser komplettes Programm finden Sie unter:

www.christian-verlag.de

In diesem Buch wird aus Gründen der besseren Lesbarkeit das generische Maskulinum verwendet. Weibliche und anderweitige Geschlechteridentitäten werden dabei ausdrücklich mitgemeint, soweit es für die Aussage erforderlich ist.

Die Deutsche Nationalbibliothek verzeichnet diese Publikation in der Deutschen Nationalbibliografie; detaillierte bibliografische Daten sind im Internet über http://dnb.d-nb.de abrufbar.

ISBN 978-3-95961-753-6

In Kooperation mit/Mit freundlicher Unterstützung von Rosenthal GmbH

Die Mengenangaben der Rezepte gelten immer für 4 Personen.

Die trockenen Gewürze schmecken immer besser, wenn sie ganz geröstet und frisch mit dem Mörser gemahlen werden.

In Asialäden finden Sie häufig frischen Koriander mit Wurzeln. Diese können mitverwendet werden und sind ein Indiz für die Frische des Krauts.

Zwiebeln und Knoblauch sind geschält. Wir verwenden mittelgroße Knoblauchzehen. Frischer Knoblauch würzt weniger intensiv.

Meer- oder Himalayasalz verleiht einen besonderen Geschmack und eine tolle Intensität. Mit Pfeffer ist schwarzer Pfeffer aus der Mühle gemeint.

Wir verarbeiten am liebsten den aus Zuckerrohr gewonnenen Rohrzucker, den Sie im gut sortierten Supermarktregal finden.

Während und nach dem Kochen immer nochmals abschmecken.

Die Koch- oder Backzeiten können je nach Ofen oder Herd variieren.

Ebenfalls erhältlich ...

ISBN 978-3-95961-607-2

ISBN 978-3-95961-653-9

ISBN 978-3-95961-792-5

ISBN 978-3-95961-656-0

CHRISTIAN

www.christian-verlag.de